BEI GRIN MACHT SICH IHR
WISSEN BEZAHLT

Auditierung von Datenschutzprojekten im SAP

Adrian Drexler

Bibliografische Information der Deutschen Nationalbibliothek:

Die Deutsche Nationalbibliothek verzeichnet diese Publikation in der Deutschen Nationalbibliografie; detaillierte bibliografische Daten sind im Internet über http://dnb.d-nb.de abrufbar.

ISBN: 9783346851864
Dieses Buch ist auch als E-Book erhältlich.

© GRIN Publishing GmbH
Nymphenburger Straße 86
80636 München

Druck und Bindung: Books on Demand GmbH, Norderstedt Germany
Gedruckt auf säurefreiem Papier aus verantwortungsvollen Quellen

Das Buch bei GRIN: https://www.grin.com/document/1344328

FOM Hochschule für Oekonomie & Management

Hochschulzentrum Frankfurt am Main

Hausarbeit

1. Semester
im Studiengang IT-Management

im Rahmen der Lehrveranstaltung
IT-Architekturen

über das Thema

Auditierung von Datenschutzprojekten im SAP

von

Adrian Drexler

Abgabedatum :   26. Februar 2021

Inhaltsverzeichnis

Abbildungsverzeichnis

1 Einleitung und Zielsetzung

Viele Unternehmen sind seit Einführung der EU-Datenschutzgrundverordnung im Mai 2018 mit der Einführung und Umsetzung von Datenschutzprojekten im SAP verpflichtet. Die Implementierung von technischen und organisatorischen Maßnahmen zum Schutz personenbezogener Daten erfolgt dabei nicht einmalig, sondern ist als kontinuierlicher Prozess anzusehen. Das Ziel der Hausarbeit befasst sich daher mit der Erarbeitung von Grundlagen der Auditierung und Zusammenfassung rechtlicher Grundlagen, zur Prüfung von Datenschutzprojekten im SAP.

Im ersten Teil der Hausarbeit liegt der Fokus auf der Auditierung. Hierbei soll näher auf Definitionen und Auditarten sowie relevante Normen, eingegangen werden. Zusätzlich erfolgt die Darstellung und Beschreibung einer typischen Auditdurchführung nach ISO Norm 19011. Im weiteren Verlauf werden datenschutzrechtliche Grundlagen zur Verarbeitung personenbezogenen Daten vorgestellt und wie technische und organisatorische Maßnahmen zu prüfen sind.

Der Hauptteil dieser Arbeit beschäftigt sich mit der Erarbeitung eines Vorgehens zur Prüfung von Datenschutzprojekten im SAP. Da Unternehmen einer regelmäßigen Nachweispflicht unterlegen sind, um die Sicherheit der Verarbeitung zu garantieren, kann dieser Kontrollprozess als Grundlage für eine Prüfung dienen. Die Prüfung umgesetzter Maßnahmen ist in den darauf folgenden Kapiteln dargestellt.(*Datenschutz-Grundverordnung* 2020, Art.5)

Im letzten Kapitel erfolgt anschließend eine kurze Zusammenfassung der Ergebnisse und ein Fazit.

2 Grundlagen der Auditierung

Bei der Umsetzung und kontinuierlichen Verbesserung von Managementsystemen und deren Prozessen sind Audits ein relevanter Baustein. Dabei können diese sowohl interner (von Unternehmen selbst durchgeführt), als auch externer (von Kunden oder Zertifizierungsstellen durchgeführt) Natur sein. Das Wort *Audit* leitet sich dabei aus dem lateinischen Verb *audire* ab und bedeutet übersetzt *hören*. (Brauweiler et al. 2015, S. 2)

Ein Audit beschreibt nach ISO Norm 19011 einen regelmäßigen Prozess zur Überprüfung (Anhörung) umgesetzter Maßnahmen und Erlangung eines Auditnachweis. Die Prüfung sollte dabei systematisch, unabhängig und objektiv anhand vordefiniert Auditkriterien erfolgen. Darüber hinaus sind alle Ergebnisse und Auswertungen zu dokumentieren.(Brauweiler et al. 2015, S. 3)

Insbesondere bei der Einführung und späteren Verbesserung von Managementsystemen spielen Audits eine zentrale Rolle. Durch eine kontinuierliche Überprüfung der Unternehmensprozesse ist sichergestellt, dass diese mit den gestellten Anforderungen konform sind. Die Anforderungen an ein Managementsystem können sich dabei ableiten aus folgenden Punkten, vgl. (Brauweiler et al. 2015, S. 3)

- Normen für Managementsystemen (bspw. ISO 9001 (Qualitätsmanagementsysteme) oder ISO 27001 (Informationssicherheitsmanagementsysteme)

- Gesetzliche Vorgaben und Branchenstandards

- Kundenanforderungen

- Maßnahmen und Ergebnisse aus zuvor durchgeführten Audits

Für die Auditierung und Zertifizierung von Managementsystemen existieren zwei international anerkannte Normen, welche Anforderung und Abläufe von Prüfungen konkretisieren. Hierbei handelt es sich in erster Linie um die ISO 19011 (Leitfaden zur Auditierung von Managementsystemen) und 17021 (Anforderungen an Stellen, die Managementsysteme auditieren und zertifizieren). Während die ISO 19011 "... die Wesen, Arten, Anforderungen und Ablauf von Audits sowie Qualifikationsanforderungen an Auditoren spezifiziert ..."(Brauweiler et al. 2015, S. 1), richtet sich die ISO 17021 vorwiegend an externe Zertifizierungsaudits. Beide ISO Normen sind systemunabhängig und eher allgemein gehalten, d.h. die Anforderungen beziehen sich auf kein bestimmtes Managementsystem.

2.1 Auditdefinitionen und -arten

Bei der Prüfung von Managementsystemen nach ISO 19011, wird zwischen zwei Definitionen unterschieden, dem Erstparteien- und Zwei- bzw. Drittparteien-Audit.

Von einem Erstparteien-Audit wird gesprochen, wenn es sich um eine interne Prüfung innerhalb des Unternehmens handelt. Dies kann auch unter Beihilfe eines zusätzlichen Beraters erfolgen, sofern interne Mitarbeiterressourcen knapp oder weitere objektive Meinungen nötig sind.(Brauweiler et al. 2015, S. 6)

Externe Audits oder auch Zweit- bzw. Drittparteien-Audits sind Prüfung, die vorwiegend von einem Kunden (Zweipartei) oder einer Zertifizierungsstelle (Drittpartei) erfolgen. Die Vorteile von externen Audits sind beispielsweise das direkte feststellen von Nicht-Konformitäten und Verbesserungspotenzialen. Kunden die ein Zweiparteien-Audit durchführen habe so eine direkte Möglichkeit auf Korrekturmaßnahmen einzuwirken und Optimierungspotentiale von Unternehmensprozesse zu gewinnen, um diese effektiver zu gestalten. Eine solche Optimierung kann dabei die Geschäftsbeziehungen zwischen dem Kunden und Lieferanten verbessern und intensivieren.

Wenn ein Unternehmen sein Managementsystem und dessen Prozesse auf Konformität der Anforderungen nach beispielsweise ISO Norm 9001 oder 19011 prüfen will, so kann dies mit einem Zertifizierungsaudit (Drittparteien-Audit) erreicht werden. Ein Zertifikat liefert dann den Nachweis, dass eine Prüfung erfolgreich war und die Anforderungen erfüllt wurden. In diesem Fall führt eine akkreditiere Stelle die Auditierung durch und stellt nach erfolgreicher Prüfung den Nachweis (Zertifizierung) zur Erfüllung der jeweiligen Norm aus. Um auch eine zukünftige Einhaltung der Norm/en zu gewährleisten, erfolgen in jährlichen Abständen Überwachungsaudits und im dreijährigen Rhythmus Rezertifizierungsaudits. (Brauweiler et al. 2015, S. 7).

Je nach Projektscope, bzw. Zielstellung wird zwischen unterschiedlichen Auditarten unterschieden, diese sind folgend aufgelistet und beschrieben:

- **System-Audit:** Beurteilung eines Managementsystems hinsichtlich der Funktionsweise und Erfüllung definierten Anforderungen, welche beispielsweise in einer entsprechenden ISO Norm definiert sind.

- **Prozess-Audit:** Gezielte Beurteilung eines Managementsystem, mit Fokus auf spezifische betriebliche Prozesse und Arbeitsabläufe hinsichtlich ihrer Effizienz und Effektivität. Es erfolgt eine Gegenüberstellung der Verfahrungs- und Betriebsanweisung mit den tatsächlichen Abläufen im Betrieb. (Brauweiler et al. 2015, S. 8).

- **Compliance-Audits:** Bei dieser Auditart liegt der Fokus auf der Einhaltung *"... von rechtlichen, gesetzlichen, behördlichen Vorschriften aber auch branchenspezifischen und innerbetrieblichen Vereinbarungen ... "*(Brauweiler et al. 2015, S. 8). Im Bereich Datenschutz könnte dies beispielsweise die EU-Datenschutz-Grundverordnung, Bundesdatenschutzgesetz (BDSG) oder auch Gegenspieler für wie das Handelsgesetzbuch (HGB) und die Abgabenverordnung (AO) sein. Gegenspieler bedeutet in diesem Kontext die Vorgabe von Aufbewahrungsfristen, also Gründe gegen eine Sperren oder Löschung personenbezogener Daten.

2.2 Planung und Durchführung eines Audits

Die ISO Norm 19011 unterschiedet in den Kapiteln 5 bzw. 6 zwischen der Planung und Durchführung eines Audits. In der Planung erfolgt die Erstellung eines Auditprogramms, welcher "Festlegungen für einen Satz von einem oder mehreren Audits (3.1), die für einen spezifischen Zeitpunkt geplant werden und auf einen spezifischen Zweck gerichtet sind"(*DIN EN ISO 19011* 2020, S. 12) beinhaltet. Ein Auditprogramm kann hierbei auch mehrere Managementsysteme einschließen, die einer Prüfung zu unterziehen sind. Die Abbildung 1 stellt die verschiedenen Schritte einer Auditdurchführung nach ISO Norm 19011 dar.

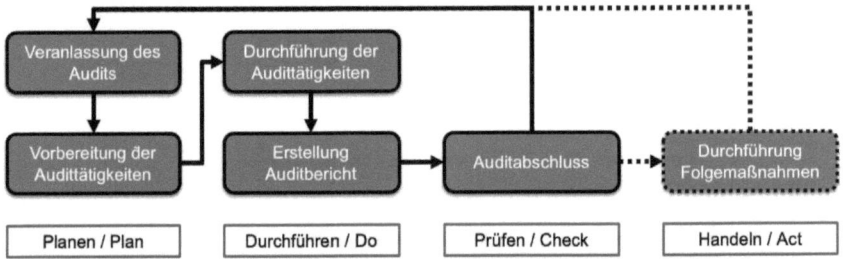

Abbildung 1: Auditdurchführung in Anlehnung an (*DIN EN ISO 19011* 2020, S. 23)

- **Festlegung und Veranlassung des Audits:** Im ersten Schritt einer Auditdurchführung erfolgt die Kontaktaufnahme mit der zu prüfenden Organisation, bzw. Unternehmung. Der Zweck besteht darin "relevante Informationen über die Auditziele, den Auditumfang, die Auditkriterien, die Auditmethoden und die Zusammensetzung des Auditteams einschließlich der Sachkundigen ... "(*DIN EN ISO 19011* 2020, S. 42) bereit zu stellen. Weitere Tätigkeiten sind beispielsweise das treffen eines geeigneten Zeitplans, abwägen der Zeit und Ressourcen, klären von Chancen und Risiken, sowie die Bestimmung der generellen Durchführbarkeit des Audits.(*DIN EN ISO 19011* 2020, S. 42–43)

- **Vorbereitung der Audittätigkeiten:** Nach der Veranlassung des Audits müssen alle Dokumentationen des zu prüfenden Managementsystems überprüft werden. Hierdurch erhält das Auditteam sämtliche Informationen zum Verständnis der zu auditierenden Organisationen und deren Prozesse. Darüber hinaus helfen diese Informationen "... Konformitäten bezüglich der Auditkriterien zu bestimmen und mögliche Problembereiche zu erkennen, wie etwa Mängel, Unterlassungen oder Konflikte."(*DIN EN ISO 19011* 2020, S. 44) Nach Sichtung aller relevanter Dokumentationen zum Managementsystemes erfolgt die Auditplanung. Diese beinhaltet beispielsweise die Zusammensetzung des Auditteams, verwendete Stichprobenverfahren, Verbesserungsmöglichkeiten des Audits und delegieren von Aufgaben zum prüfenden Team.(*DIN EN ISO 19011* 2020, S. 45)

- **Durchführung der Audittätigkeiten:** Durchführung einer Eröffnungsbesprechung zur Vorstellung des Auditteams und dessen Rollen. Ferner erfolgt die Darstellung der Auditplanung und des Auditumfangs. Weitere relevante Punkte sind beispielsweise Methoden zur Berichterstattung, Umgang mit nicht-Konformitäten während der Prüfung sowie die generelle Kommunikationen zwischen der zu auditierenden Organisationen und dem Auditteam. Anschließend erfolgt die Prüfung von Prozessen und Tätigkeiten, die mit geeigneten Stichproben verifiziert werden. Dieses Ergebnis nennt sich Auditnachweis und ist die Grundlage für eine Auditfeststellung. Mithilfe der zuvor definierten Auditkriterien wird jeder Auditnachweis bewertet und bildet die Auditfeststellung. (*DIN EN ISO 19011* 2020, S. 48–59)

- **Erstellung und Verteilung des Auditberichtes:** Ein Auditbericht beinhaltet eine genaue und vollständige Übersicht aller Tätigkeiten, die durchgeführt wurden. Hierzu zählen beispielsweise die Auditfeststellungen, Auditnachweise, Erfüllungsgrad der Auditkriterien und Auditschlussfolgerungen. Der Bericht wird dann in einem festgelegten Zeitraum herausgegeben und gegebenenfalls interessierten Parteien zur Verfügung gestellt. (*DIN EN ISO 19011* 2020, S. 59–61)

- **Audit-Abschluss:** Nach Abschluss der geplanten Audittätigkeiten, ist das Audit beendet. In Absprache mit der auditierten Organisationen, werden dokumentierte Informationen vernichtet oder aufbewahrt. Das Ergebnis stellt eventuelle Chancen oder Probleme in betrieblichen Prozessen dar und dient als Grundlage für Optimierungen im auditierten Unternehmen.(*DIN EN ISO 19011* 2020, S. 61–62)

- **Durchführung von Auditfolgemaßnahmen:** Dieser letzte Schritt ist eine variable Phase und betrifft Folgemaßnahmen, die aus einem durchgeführten Audit entstanden sind. Hierbei handelt es sich vorwiegend um Korrekturmaßnahmen und oder Verbesserungsmöglichkeiten. Innerhalb eines bestimmten Zeitraums führt die auditierte Organisation die Korrekturen und Maßnahmen durch. Bei einer zukünftigen Auditierung wird dann die Wirksamkeit der Korrekturen verifiziert und bewertet.(*DIN EN ISO 19011* 2020, S. 62)

3 Datenschutzrechtliche Grundlagen

3.1 Verarbeitung personenbezogener Daten

Die Verarbeitung beschreibt praktischen den gesamten Lebenszyklus, welchen personenbezogene Daten von der Erhebung bis zur endgültigen Löschung durchlaufen. Nach Artikel 5 hat dabei die verantwortliche Stelle Sorge zu tragen, dass für eine betroffene Person die Verarbeitung jederzeit transparent und nachvollziehbar erfolgt. Weiterhin dürfen Daten nur für einen wohl definierten und eindeutigen Zweck erhoben werden. Eine weitere Nutzung über diesen Zweck hinaus sollte auf ein bestimmtes Maß beschränkt sein. Es ist zu beachten, dass die verantwortliche Stelle die Einhaltung nachweisen muss. (*Datenschutz-Grundverordnung* 2020, Art.5).
Folgend ist der Datenlebenszyklus dargestellt und wird anschließend mit einem Beispiel im Detail beschrieben.

Abbildung 2: Datenlebenszyklus in Anlehnung an (Lehnert et al. 2017, S.32 und 61)

Wie in Abbildung 2 zu erkennen, erfolgt beispielsweise die Erhebung durch das Anlegen eines neuen Kunden im System. Sollten sich diese Kundendaten im späteren Verlauf der Verarbeitung verändern, wird von einer Datenorganisation gesprochen. Im weiteren Prozess erfolgt die Datennutzung, um dem Kunden ein Angebot für einen zukünftigen Auftrag zuzusenden. Die Lieferung und Zahlungsabwicklung der Bestellung erfolgt anschließend über einen anderen Dienstleister, weshalb die Lieferadresse des Kunden bereitgestellt werden muss. Da der Kunde die Bestellung erhalten und die Rechnung beglichen hat, ist der Verwendungszweck nach §195 BGB, nach einer dreijährigen Verjährungsfrist abgelaufen.

Die Datenschutzgrundverordnung beschreibt ab diesem Zeitpunkt zwei relevante Artikel für den Umgang mit personenbezogenen Daten deren Verwendungszweck abgelaufen ist. Dabei wird zwischen dem Sperren bzw. einer Einschränkung der Verarbeitung (Art.18) und Löschen (Art.17) unterschieden.

Nach Art. 18 DSGVO, hat ein Betroffener das "Recht auf Einschränkung der Verarbeitungünd dies zu verlangen, sofern der Verwendungszweck abgelaufen und die personenbezogenen Daten nicht weiter benötigt werden. Darüber hinaus entfällt der Verwendungszweck direkt, wenn "... die Verarbeitung unrechtmäßig ist ..."(*Datenschutz-Grundverordnung* 2020, Art.18, Abs.1, lit. b)). In Abbildung 3 ist dies anhand der Abkürzung *EoP - End of Purpose* erkennbar. Der Ende des Verwendungszweck ist auch zugleich Start der Aufbewahrungsdauer bzw. einer eingeschränkten Verarbeitung. Die Einschränkung der Verarbeitung personenbezogener Daten kann dabei durch geeignete technische und organisatorischen Maßnahmen erfolgen. Zum einen können personenbezogene Daten "... vorübergehend auf ein anderes Verarbeitungssystem übertragen ... "(*Datenschutz-Grundverordnung* 2020, Erwägungsgrund 67) oder mit anderen technischen Mitteln vor Veränderungen geschützt werden. Diese Maßnahmen sind beispielsweise mit einem externen Archiv und Berechtigungskonzept umsetzbar.

Das *Recht auf Vergessenwerden* ist im Artikel 17 der DSGVO zu finden und beschreibt, dass die personenbezogenen Daten eines Betroffenen unverzüglich zu Löschen sind, sobald der Verarbeitungszweck erloschen ist oder eine unrechtmäßige Verarbeitung vorliegt. Auch ein Widerspruch gegen eine Verarbeitung der personenbezogenen Daten des Betroffenen nach Artikel 21, Absatz 1 ist ein valider Grund für eine Löschung. (*Datenschutz-Grundverordnung* 2020, Art.17, Abs.1))Es wird hier auch vom Ende der Aufbewahrungsfrist (End of Retention) gesprochen, welche in Abbildung 3 an der roten Farbe zu erkennen ist.

Nach Art.17, Abs.3 ist eine Löschung nicht erforderlich, sofern die Verarbeitung ßur Erfüllung einer rechtlichen Verpflichtung [...] Geltendmachung, Ausübung oder Verteidigung von Rechtsansprüchen ..."(*Datenschutz-Grundverordnung* 2020, Art.17, Abs.3, lit. b)) unterliegen. Dies ist beispielsweise der Fall, wenn eine offene Forderung nicht bezahlt wurde und ein Mahnverfahren läuft. Die weitere Aufbewahrung von Rechnungen und sonstigen Belegen sind dabei für einen etwaigen Rechtsfall erforderlich.

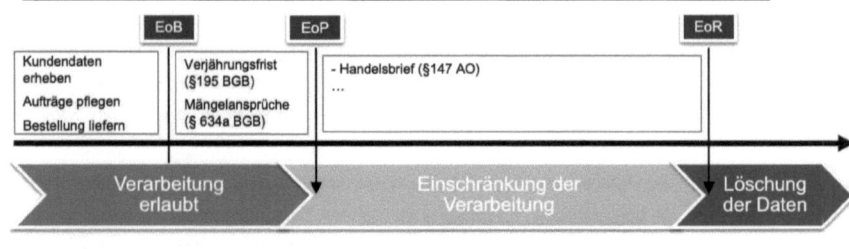

Abbildung 3: Einschränken und Löschen in Anlehnung an (Lehnert et al. 2017, S.144)

Ergänzend zu den zuvor genannten Rechten des Betroffenen in Bezug auf Einschränkung und Löschung personenbezogener Daten, definiert der Gesetzgeber Fristen, in welchen eine Verarbeitung erlaubt ist. Ein Beispiel ist hierbei die regelmäßige Verjährungsfrist nach §195 BGB, welche sich auf 3 Jahre bezieht. Zahlungsansprüche aus dem Jahr 2017 wären ab dem ersten Januar 2021 nicht mehr durchsetzbar. Der Verwendungszweck wäre ab diesem Zeitpunkt abgelaufen und die personenbezogenen Daten einzuschränken.

Eine Löschung dürfte in diesem Beispiel noch nicht erfolgen, da Zahlungsansprüche in Form von Rechnungen unter die Abgabenverordnung fallen. Es handelt sich hierbei um Handelsbriefe die nach §147, Abs. 3 AO mindestens zehn Jahre aufzubewahren sind. Erst nach Ablauf dieser Aufbewahrungsfrist ist eine endgültige Löschung von Rechnungen legitim.

3.2 Auditieren und Prüfen von Maßnahmen

Die DSGVO beschreibt in Art. 40 Verhaltensregeln, deren Ausarbeitung von den Mitgliedsstaaten und Aufsichtsbehörden zu fördern sind. Sie sollen den "... besonderen Bedürfnisse von Kleinstunternehmen sowie kleinen und mittleren Unternehmen zur ordnungsgemäßen Anwendung dieser Verordnung beitragen ...". (*Datenschutz-Grundverordnung* 2020, Art.40, Abs.1)

In Artikel 40 h) wird dies präzisiert, denn es geht hierbei um technische und organisatorische Maßnahmen zum Schutz personenbezogener Daten während der gesamten Verarbeitung, die in den Artikeln 24, 25 und 32 genauer beschrieben sind. Diese liefern explizite Informationen und Anforderungen für einen kontinuierlichen Prozess zur Prüfung und Beurteilung der Effektivität der Maßnahmen. Die Artikel gelten daher als rechtliche Grundlage zur Auditierung von Datenschutzprojekten.

Art.25, Abs.1 und 2 der EU-DSGVO beschreibt ausdrücklich die Anforderungen für eine *datenschutzfreundliche Voreinstellung* (engl. "Data protection by design and by default"(*Datenschutz-Grundverordnung* 2020, Art.25)) des Verantwortlichen. So trifft der Verantwortliche unter Beachtung des aktuellen Stands der Technik adäquate technische und organisatorische Maßnahmen, die gewährleisten, nur personenbezogene Daten mit einem eindeutigen Verwendungszweck verarbeitet werden.(*Datenschutz-Grundverordnung* 2020, Art.25, Abs.1-2) Ferner gelten diese Maßnahmen "für die Menge der erhobenen personenbezogenen Daten, den Umfang ihrer Verarbeitung, ihre Speicherfrist und ihre Zugänglichkeit."(*Datenschutz-Grundverordnung* 2020, Art.25, Abs.2) Die umgesetzten Maßnahmen sind durch den Verantwortlichen regelmäßig zu prüfen und aktualisieren. Dies schließt auf einen zu etablierenden Prozess zur regelmäßigen Auditierung der Maßnahmen.(*Datenschutz-Grundverordnung* 2020, Art.25, Abs.1-2)
Durch ein zugelassenes Zertifizierungsverfahren nach Artikel 42 ist die Erfüllung und Effektivität der technischen und organisatorischen Maßnahmen zu prüfen.

In Artikel 32 (Sicherheit der Verarbeitung) werden die Maßnahmen und insbesondere Anforderungen an Systeme und Dienste die personenbezogene Daten verarbeiten präzisiert. Diese sollte beispielsweise fähig sein, die Schutzziele "Vertraulichkeit, Integrität, Verfügbarkeit und Belastbarkeit [...] im Zusammenhang mit der Verarbeitung auf Dauer sicherzustellen". Weiterhin sollten personenbezogene Daten nach einem Datenverlust zügig rekonstruierbar sein.(*Datenschutz-Grundverordnung* 2020, Art.32, Abs.1, lit. c))
Die Anforderungen für ein Datenschutz Audit sind im Artikel 32, Abs.1, lit. d) beschrieben. So soll ein Verfahren bzw. Prozess etabliert werden, welcher eine kontinuierliche Prüfung und Verifizierung der Effektivität der technischen und organisatorischen Maßnahmen gewährleistet.(*Datenschutz-Grundverordnung* 2020, Art.32, Abs.1, lit. d))

4 Auditierung von Datenschutzprojekten im SAP

Wie in den vorherigen Kapiteln beschrieben, ist Datenschutz kein gleichbleibender Prozess, welcher einmalig im Unternehmen etabliert wird und keine weitere Anpassung benötigt. Insbesondere der Schutz von personenbezogenen Daten ist einem wandelnden Prozess unterworfen und verändert sich ständig. So können sich Geschäftsprozesse, Gesetze oder vertragliche Vorgaben ändern, die technische und organisatorische Maßnahmen unwirksam machen könnten. Die DSGVO fordert daher einen kontinuierlichen Prozess zur Prüfung und Bewertung der umgesetzten technischen und organisatorischen Maßnahmen, welcher im folgenden Kapitel näher thematisiert wird.(*Datenschutz-Grundverordnung* 2020, Art.32, Abs.1, lit. d))

4.1 Nachweispflicht als Vorgehensmodell

Die Sicherheit der Verarbeitung personenbezogener Daten unterliegt einer kontinuierlichen Nachweispflicht, deren Einhaltung mithilfe eines regelmäßigen Kontrollprozesses und oder Zertifizierungsverfahren gemäß Art. 42 DSGVO nachgewiesen werden muss. (*Datenschutz-Grundverordnung* 2020, Art.5, Abs.2 und Art.32, Abs.1, lit. d))

Abbildung 4: Kontrollkreis - Nachweiskreis in Anlehnung an (Lehnert et al. 2017, S. 54)

In Abbildung 4 ist dieser Kreislauf der regelmäßigen Kontrolle dargestellt und beschreibt einen kontinuierlichen Verbesserungsprozess, um den Anforderungen der DSGVO nachzukommen und diese zu dokumentieren. Der Nachweiskreis ist dabei eine Grundlage für die Auditierung und ausführliche Dokumentation von Datenschutzprojekten im SAP.

Im ersten Schritt ist zu beurteilen, welche personenbezogenen Daten verarbeitet werden und welchen Risiken personenbezogene Daten im SAP System ausgesetzt sind. Für eine Risikobewertung schreibt die DSGVO eine Datenschutz-Folgenabschätzung gemäß Art. 35 vor, sofern die Daten einem hohen Risiko ausgesetzt sind. Das Risiko und die Eintrittswahrscheinlichkeit sowie Verarbeitungsvorgänge und Verwendungszwecke sollten dabei anhand einer objektiven Beurteilung erfolgen.(*Datenschutz-Grundverordnung* 2020, Art.35 und Erwägungsgrund 76)

Die Definition von angemessenen Schutzmaßnahme erfolgt anschließend auf Basis der zuvor durchgeführten Risikobewertung und muss als Dokumentation vorliegen. Hierzu gehört beispielsweise die Sichtung des Datenschutzkonzepts, welches unter anderem ein Verzeichnis von Verarbeitungstätigkeiten, ToM (Technische und organisatorische Maßnahme) und sämtliche gesetzliche Aufbewahrungsfristen auflistet.(Engel 2019)
Als zusätzliches Hilfsmittel kann beispielsweise die Schutzbedarfsanalyse nach BSI 200 2 (IT Grundschutz Methodik) herangezogen werden, da diese auch zwischen einem normalen, hohen und sehr hohen Schutzbedarf unterscheidet. Kritische Geschäftsprozesse sind mit einem hohen Schutzbedarf zu betrachten und erfordern eine "Kern-Absicherung", um diese angemessen zu schützen.(Sicherheit in der Informationstechnik 2017, S. 73)

Im weiteren Verlauf erfolgt anschließend eine Prüfung der im Datenschutzkonzept dokumentierten technischen und organisatorischen Maßnahmen, welche im folgenden Kapitel näher beschrieben sind. Für die Prüfung können dabei technische Dokumentationen und Befragungen durchgeführt werden. Ein anschließender Vergleich mit den im SAP System umgesetzten Maßnahmen kann dabei erste Erkenntnisse zu Schiefständen oder einer nicht-konformen Verarbeitungen offenlegen.
Die Wirksamkeit der technischen und organisatorischen Maßnahmen kann beispielsweise durch die Prüfung der Protokollierung im SAP System und Expertenbefragungen (Fachbereiche und Systembetreuer) erfolgen.

Der Auditbericht beinhaltet anschließend eine Übersicht aller geprüften Themengebieten und weist auf nicht-Konformitäten hin. Diese sollten nach dem Audit behoben und dokumentiert werden, um den zukünftigen Schutz personenbezogener Daten zu gewährleisten.

4.2 Prüfung Technische und organisatorische Maßnahmen

Nach §64 BDSG-neu hat der Verantwortliche technische und organisatorische Maßnahmen, unter Einbeziehung des aktuellen Stands der Technik zu treffen, um den Schutz personenbezogener Daten zu garantieren. Dies gilt für den gesamten Zeitraum der Verarbeitung und speziell für besondere Kategorien von personenbezogene Daten. (§64 BDSG)

Insbesondere im Kontext der Auditierung von Datenschutzprojekten im SAP sind die technischen und organisatorischen Maßnahmen zu prüfen, da die Verantwortliche Stelle in regelmäßigen Abständen die Effektivität der Maßnahmen nachweisen muss. (*Datenschutz-Grundverordnung* 2020, Art.5, Abs.2 und Art.32, Abs.1, lit. d)) Im folgenden

Abbildung 5: TOM in Anlehnung an (Lehnert et al. 2017, S. 64)

sind die technischen und organisatorischen Maßnahmen mit konkreten Handlungen und Beispielen verknüpft, in Anlehnung an (Lehnert et al. 2017, S.64 ff)

- **Zugangskontrolle:** Diese Maßnahme beschreibt grundsätzlich den Zugang zu einer datenverarbeitenden Anlage, wie ein SAP System oder externes Archivsystem. Unbefugten sollte Zugang durch einen sicheren Kennwortschutz und Verschlüsselung verwehrt werden. Das gilt insbesondere auch für mobile Endgeräte, die Zugang zum SAP System besitzen. Die Zugänge sollten zusätzlich auf die Personen beschränkt sein, die das SAP System zur Datenverarbeitung benötigen.(§64, Abs.3.1 BDSG)

• **Zugriffs- und Benutzerkontrolle:** Die Zugriffskontrolle vermeidet einen unberechtigten Zugriff auf personenbezogene Daten und auf das SAP System selbst. Alle notwendigen Berechtigungen und Zuständigkeiten sind dabei in einem Berechtigungskonzept festzuhalten und im System umzusetzen. Hier sollte nach dem Minimalprinzip vorgegangen werden, also so wenig Berechtigungen wie möglich, aber so viele wie nötig. Um einen zukünftigen Missbrauch sensibler Daten festzustellen, sind unterschiedliche Zugriffsprotokollierung zu konfigurieren und aktivieren. Eine technische Möglichkeit ist hierbei das SAP Read Access Logging (RAL), mit dessen Hilfe beispielsweise Zugriffe auf bestimmte Tabellenfelder nachverfolgbar sind. (§64, Abs.3.4 und 3.5 BDSG)

• **Datenträger- und Speicherkontrolle:** Es muss mit technischen Mitteln verhindert werden, dass eine unerlaubte Eingabe und Suche von Kundendaten im SAP System ermöglicht wird. Insbesondere das weitere Verarbeiten wie beispielsweise lesen, kopieren, verändern und löschen von personenbezogenen Daten dessen Verwendungszweck abgelaufen ist, darf nach Art. 18 DSGVO nicht mehr möglich sein. Diese Maßnahme betrifft vor allem externe Archivsystem, die mit dem SAP verbunden sind und ist durch effektive Verschlüsselungsverfahren und Zugriffsberechtigungen umsetzbar.(§64, Abs.3.2 und 3.3 BDSG)

• **Übertragungs- und Transportkontrolle:** Das zu auditierende Unternehmen muss eine Dokumentation vorweisen, welche alle Übertragungswege der personenbezogenen Daten darstellt. Dabei können Daten in oder aus dem SAP System heraus übertragen werden. Ein Beispiel sind die Marktkommunikationsprozesse bei Energieversorgern, die Kundendaten oder Zählerstände miteinander austauschen. Grundsätzlich sollten auch hier die Übertragung verschlüsselt erfolgen, um die Sicherheit personenbezogener Daten zu gewährleisten.(§64, Abs.3.6 und 3.8 BDSG)

• **Wiederherstellbarkeit und Verfügbarkeitskontrolle:** Im Unternehmen muss eine Notfallwiederherstellung (Disaster Recovery) initiiert und dokumentiert sein, sodass im Störfall das SAP System wiederherstellbar ist. Dies ist dringend notwendig, um personenbezogene Daten vor einer Zerstörung oder Verlust zu schützen. Eine mögliche Maßnahme ist in diesem Fall ein Backup- bzw. Ausweichsystem, sodass der Tagesbetrieb nicht eingeschränkt wird (Business Continuity).(§64, Abs.3.9 und 3.13 BDSG)

- **Zuverlässigkeit und Datenintegrität:** "Eine rechtskonforme Verarbeitung personenbezogener Daten ist nur möglich, wenn das System, in dem diese Verarbeitung stattfindet, sicher ist."(Lehnert et al. 2017, S. 71) Darunter Fall jeglichen Maßnahmen die zum einen sicherstellen, dass Fehlfunktionen erkannt und zum anderen das SAP System in seiner Laufzeit nicht unterbrochen wird. Fehlfunktionen und Systemausfälle können personenbezogene Daten beschädigen oder gar zerstören. Um diese Fehler zu vermeiden, sollte das System in regelmäßigen Abständen aktualisiert, Anwendungslogs aktiviert und beispielsweise das ABAP Test Cockpit (Codingprüfung) verwendet werden. Insbesondere im Kontext der Transportkontrolle ist das ABAP Test Cockpit eine wichtige Funktion im SAP, denn ohne eine offizielle Freigabe, sind Entwicklungen nicht in das Produktivsystem transportierbar. Die Zuverlässigkeit und Datenintegrität ist bei neuen Entwicklungen jederzeit gewährleistet.(§64, Abs.3.10 und 3.11 BDSG)

- **Trennbarkeit:** Es muss gewährleistet, dass eine Verarbeitung personenbezogene Daten getrennt voneinander erfolgt, sofern der Zweck ein anderer ist. Dies ist auch Teil des Berechtigungskonzept, da ein Fachbereich nur Zugriff auf den eigenen Prozess und dessen Daten haben soll.(§64, Abs.3.14 BDSG)

4.3 Prüfung der Sperr- und Löschroutinen

Im vorherigen Kapitel wurden technische und organisatorische Maßnahmen beleuchtet und die Grundlagen für die Prüfung von Datenschutzprojekte im SAP System anhand des Nachweiskreises darstellen. Ergänzend hierzu wird in diesem Kapitel näher auf eine der zentralen Maßnahmen, dem Sperren- und Löschen von personenbezogenen Daten mit Hilfe von SAP ILM (Information Lifecycle Management) eingegangen. Mit SAP ILM ist es möglich, den Lebenszyklus von personenbezogenen Daten im System zu abzubilden. Nach Ablauf des Verwendungszwecks und einem zuvor definierten Verweilzeitraums, erfolgt die Einschränkung der Verarbeitung auf zwei unterschiedlichen Wegen. SAP ILM unterschiedet dabei zwischen Stammdaten (Kundenstammsatz wie Name, Adresse und Bankdaten) und Bewegungsdaten (Belege wie Rechnungen und Buchungen). Während der Stammsatz im System bis zum Ablauf des Aufbewahrungszeitraums verbleibt und mit einem Sperrkennzeichen versehen wird, erfolgt die Einschränkung der Belege durch eine Verschiebung in ein externes Archiv. Der Grund für diese unterschiedliche Einschränkung hängt mit den Eigenschaften und der Gültigkeit zusammen, denn Kundenstammdaten haben zumeist eine lange Gültigkeit und ändern sich in den seltensten Fällen. Normalerweise wird für jede Änderung an einer Rechnung ein neuer Datensatz erzeugt, wodurch alte Belege ihre Gültigkeit verlieren und sich somit für eine Archivierung qualifizieren.

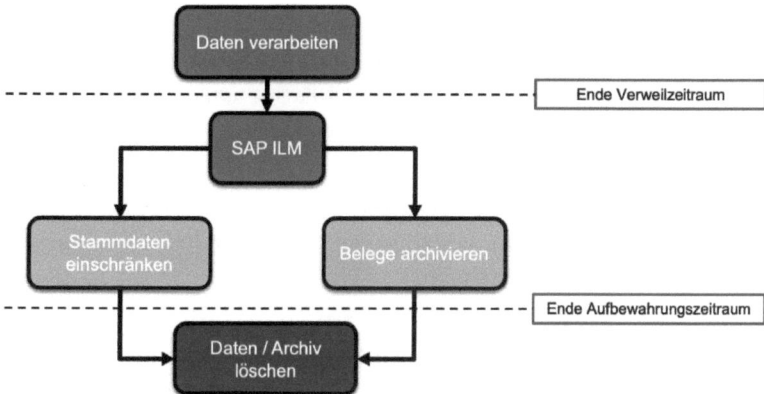

Abbildung 6: Datenlebenszyklus mit SAP ILM in Anlehnung an (Lehnert et al. 2017, S.147)

SAP ILM setzt dabei auf die bereits bestehende Archivierung auf und erweitert dieses um eine Regelwerkpflege für Verweil- und Aufbewahrungsfristen.(Lehnert et al. 2017, S.139 ff)

Bei der Auditierung von Datenschutzprojekten im SAP ist daher die Konfiguration, Zusatzentwicklungen und Dokumentation von SAP ILM umfangreich zu prüfen. Einen Überblick über zu prüfende Themen sind folgend definiert:

- **Prüfung der Verweil- und Aufbewahrungsfristen:** Grundsätzlich muss geprüft werden, welche Fristen im Datenschutzkonzept definiert und im SAP System umgesetzt wurden. Darüber hinaus sollte eine technische Dokumentation der Regelwerke vorliegen, sodass ein Nachweis für die Wirksamkeit und Vollständigkeit der Fristen gegeben ist.

- **Vollständigkeit der ILM-Objekte:** ILM-Objekte sind Archivierungsobjekte mit dessen Hilfe Datensätze aus den SAP Standardtabellen archivier- und löschbar sind, sobald der Verwendungszweck abgelaufen ist. Das es für praktische jede Datenart (Stammsatz, Bestellung, Rechnung, ...) ein eigenes ILM-Objekt gibt, muss bei einem Audit die Vollständigkeit geprüft werden, um sicherzustellen, dass alle personenbezogenen Daten im Projekt berücksichtigt wurden.

- **Prüfung der Grundkonfiguration:** Prüfung ob alle notwendigen Business Functions aktiviert und relevante ILM Konfigurationen eingestellt sind.

- **Sperren von Stammdaten:** Zu prüfen ist die Einschränkung der Verarbeitung von Stammdaten und ob diese in regelmäßigen Abständen durchgeführt wird. Zusätzlich dürfen bereits gesperrte Stammdaten nicht mehr aufrufbar sein. Dies ist auch Teil der Prüfung des Berechtigungskonzept.

- **Prüfung Systemlandschaft:** Sofern weitere (Nicht-)SAP-Systeme angeschlossen sind, müssen diese im Datenschutzkonzept und bei der Implementierung berücksichtigt sein, um die Vollständigkeit zu garantieren.

- **Kundenspezifische Implementierungen:** Es gilt zu prüfen, ob ausschließlich SAP ILM im Standard umgesetzt wurde oder noch zusätzliche Eigenentwicklungen, die diesen erweitern. Diese sollten auch im Datenschutzkonzept und in der technischen Dokumentation vorhanden sein. Zusätzlich dürfen kundenspezifische Entwicklungen nicht auf bereits gesperrte Daten zugreifen, um den Schutz personenbezogener Daten aufrecht zu halten.

- **Berechtigungs- / Rollenkonzept:** Es muss ein dokumentiertes Berechtigungskonzept existieren, in welchem ILM-Berechtigungen (Archivierung und Archivzugriff, Aufrufen gesperrter Daten, ...) klaren Berechtigungsrollen zugeordnet sind. Dabei muss gewährleistet sein, dass nur ein begrenzter Personenkreis Zugriff auf bereits gesperrte Daten haben darf.

5 Ergebnis

In der vorliegenden Hausarbeit wurden die Grundlagen, Planung und Durchführung von Audits vorgestellt. Ergänzend hierzu erfolgten datenschutzrechtliche Grundlagen, welche eine kontinuierliche Prüfung technischer und organisatorischer Maßnahme fordert, um die Sicherheit personenbezogener Daten zu gewährleisten. Im weiteren Verlauf wurde näher auf die Nachweispflicht eingegangen, um umgesetzte Maßnahmen regelmäßig zu prüfen. Diese Nachweispflicht kann auch für einen Auditierungsprozess angewandt werden, da die Verarbeitung personenbezogene Daten dem Risiko stets angemessen sein sollte. Die letzten Kapitel beschrieben abschließend im Detail, welche technischen und organisatorischen Maßnahmen im SAP umzusetzen und bei einer Auditierung zu prüfen sind.

Auf Basis dieser Grundlagen und Maßnahmen kann nun ein Fragenkatalog entwickelt werden, um zukünftige Datenschutz- bzw. Sperr- / Löschprojekte auf ihre Maßnahmen hin zu prüfen.

Literaturverzeichnis

[1] Brauweiler, Jana; Will, Markus; Zenker-Hoffmann, Anke: Auditierung und Zertifizierung von Managementsystemen: Grundwissen für Praktiker, Gabler Verlag, 2015, ISBN: 978-3-658-10212-8.

[2] Datenschutz-Grundverordnung: DSGVO als übersichtliche Seite, de-DE, URL: https://dsgvo-gesetz.de/ (besucht am 18.12.2020).

[3] DIN EN ISO 19011:2018-10, Leitfaden zur Auditierung von Managementsystemen (ISO_19011:2018); Deutsche und Englische Fassung EN_ISO_19011:2018, Techn. Ber., Beuth Verlag GmbH, URL: https://www.beuth.de/de/-/-/287794262 (besucht am 18.12.2020).

[4] Engel, Oliver: Muster für ein Datenschutzkonzept nach DSGVO - DSGVO-Vorlagen, de-DE, Blog, Sep. 2019, URL: https://dsgvo-vorlagen.de/muster-fuer-ein-datenschutzkonzept-nach-dsgvo (besucht am 21.02.2021).

[5] Lehnert, Volker; Luther, Iwona; Christoph, Björn; Pluder, Carsten: Datenschutz mit SAP: Der Praxisleitfaden zur EU-DSGVO-Umsetzung in SAP Business Suite und SAP S/4HANA, 1. Edition, SAP PRESS, Bonn 2017, ISBN: 978-3-8362-5989-7.

[6] Sicherheit in der Informationstechnik, Bundesamt für: BSI-Standard 200-2 - IT-Grundschutz-Methodik, Nov. 2017, URL: https://www.bsi.bund.de/SharedDocs/Downloads/DE/BSI/Grundschutz/BSI_Standards/standard_200_2.pdf?__blob=publicationFile&v=2 (besucht am 24.02.2021).